QU Revolucionando Negócios

Da Empresa Convencional à Empresa Inteligente

KATIA DORIA DA FONSECA DOS SANTOS
31/1/2023

Dedicatória:

Aos meus amados filhos, Mario (Teik), Bruna, Victor e Bárbara, que são a inspiração e o motivo de minha busca incessante pelo conhecimento. Vocês são minha força e motivação para compartilhar minhas ideias e experiências.

Ao meu marido José de Vasconcelos Filho, cuja colaboração e apoio foram fundamentais na criação deste livro. Sua dedicação e suporte inabaláveis são um presente precioso em minha vida.

Aos meus queridos netos, Davi, Vivi e João Gabriel, que representam a continuidade de nossas histórias e a esperança de um futuro brilhante. Que este livro possa inspirá-los a explorar suas paixões e a buscar a verdade em todas as coisas.

Aos meus genros e noras, Nikolas Bucvar, Eduardo, Jana e Jacque, que fortalecem nossa família com seu amor, apoio e contribuições valiosas. Agradeço por fazerem parte dessa jornada e por compartilharem suas perspectivas e experiências enriquecedoras.

Que esteja dedicado a todos vocês, minha amada família, com todo o meu amor e gratidão.

Katia Doria da Fonseca Vasconcelos

4

INTRODUÇÃO

Bem-vindo ao livro "QU: Revolucionando Negócios - Da Empresa Convencional à Empresa Inteligente". Nesta obra, vamos explorar um poderoso conceito chamado QU, que representa o Quociente de Inteligência Universal Sincrônico. O QU é uma métrica e um parâmetro que visa avaliar e equilibrar os potenciais humanos, levando em consideração a visão 360, resiliência, adaptabilidade, sincronicidade e controle emocional.

No mundo dos negócios, especialmente em um ambiente caracterizado pela volatilidade, incerteza, complexidade e ambiguidade (VUCA), é crucial compreender a importância do equilíbrio desses potenciais humanos. O QU oferece uma abordagem abrangente para medir e desenvolver essas habilidades essenciais.

Ao entender o QU como uma métrica, podemos mensurar objetivamente os potenciais humanos e compará-los ao longo do tempo ou entre indivíduos. Ele fornece uma visão clara de onde estamos e quais áreas precisam ser desenvolvidas para alcançar um equilíbrio mais efetivo.

Além disso, o QU é um parâmetro que estabelece um critério de referência para avaliar o equilíbrio dos potenciais. Ele define um ponto de referência ou limite que nos ajuda a determinar se estamos atingindo um equilíbrio adequado em cada um dos aspectos avaliados. Com base nesse parâmetro, podemos identificar áreas que precisam de aprimoramento e traçar estratégias para alcançar um equilíbrio mais efetivo.

No decorrer deste livro, vamos explorar como o QU pode revolucionar o modo como conduzimos os negócios. Discutiremos a importância do equilíbrio dos potenciais humanos e sua aplicação prática na liderança, na gestão de equipes e nas estratégias empresariais. Também abordaremos como a integração da IA (Inteligência Artificial) parametrizada com o QU pode potencializar ainda mais os resultados e auxiliar na tomada de decisões estratégicas.

Prepare-se para uma jornada de descobertas, onde vamos explorar como o QU pode transformar a maneira como entendemos e conduzimos os negócios no mundo VUCA. A revolução está apenas começando, e o QU será a chave para desbloquear o potencial máximo das organizações e dos indivíduos que as compõem.

SUMÁRIO

Introdução 6

O QU como métrica e parâmetro 13

Liderança no mundo VUCA: Desafios e demandas 26

Equipes de alto desempenho com base nos potenciais do QU 34

Adaptando-se às mudanças do mercado com o QU 45

Tendências emergentes e a evolução do QU 53

Implementação do QU: Desafios e Passos Práticos 61

Implementando a Inteligência Artificial nas Empresas 74

Empresa inteligente com o QU e a IA no Mundo VUCA....84

Conclusão 95

Considerações Finais 101

O QU COMO MÉTRICA E PARÂMETRO

Os cinco potenciais do QU: Visão 360, resiliência, adaptabilidade, sincronicidade e controle emocional.

O QU, como métrica e parâmetro, oferece uma abordagem abrangente para medir e equilibrar os potenciais humanos, indo além das métricas tradicionais, como QI, QE e QA. Ele se concentra em cinco potenciais essenciais: visão 360, resiliência, adaptabilidade, sincronicidade e controle emocional.

Ao invés de olhar apenas para um único aspecto, o QU considera o conjunto desses potenciais, reconhecendo que todos eles desempenham um papel fundamental no sucesso e no bem-estar de um indivíduo. Ele nos convida a adotar uma visão holística e integrada do ser humano, levando em conta não apenas sua inteligência cognitiva, mas também suas habilidades emocionais, sociais e adaptativas.

Por exemplo, a visão 360 envolve a capacidade de ver além das perspectivas limitadas e considerar diferentes pontos de vista. A resiliência é fundamental para lidar com os desafios e adversidades, permitindo que uma pessoa se recupere e siga em frente. A adaptabilidade permite que alguém se ajuste às mudanças e se adapte a novas situações com facilidade. A sincronicidade envolve a habilidade de se conectar e colaborar efetivamente com os outros, criando relacionamentos e parcerias produtivas. E o controle emocional permite que uma pessoa gerencie suas emoções de forma saudável e construtiva, promovendo um equilíbrio emocional.

Ao equilibrar e desenvolver esses potenciais, o QU nos proporciona uma compreensão mais completa e holística do indivíduo. Ele nos ajuda a identificar áreas em que podemos fortalecer e aprimorar, permitindo um crescimento pessoal e profissional mais eficaz. Além disso, o QU nos encoraja a buscar um equilíbrio entre esses potenciais, reconhecendo que todos eles são importantes e se influenciam mutuamente.

Dessa forma, o QU nos oferece uma abordagem abrangente e integrada para medir e desenvolver os potenciais humanos, permitindo uma compreensão mais holística e profunda do indivíduo. Ao adotar essa perspectiva, podemos impulsionar nosso crescimento e sucesso de maneira mais equilibrada e harmoniosa.

Como mensurar e avaliar os potenciais com o QU.

A mensuração e avaliação dos potenciais com o QU envolve um processo sistemático e abrangente que leva em consideração os cinco potenciais essenciais: visão 360, resiliência, adaptabilidade, sincronicidade e controle emocional. Aqui estão algumas etapas-chave para mensurar e avaliar esses potenciais com o QU:

1. Identificação dos indicadores: Para cada potencial, é necessário identificar os indicadores que podem ser utilizados para avaliar seu nível de desenvolvimento. Por exemplo, para a visão 360, os indicadores podem incluir a

capacidade de considerar diferentes perspectivas e tomar decisões informadas. Para a resiliência, os indicadores podem envolver a capacidade de se recuperar rapidamente de adversidades e aprender com as experiências.

2. Coleta de dados: Uma vez que os indicadores são identificados, é importante coletar dados relevantes para avaliar cada um dos potenciais. Isso pode ser feito por meio de questionários, entrevistas, observações ou outras técnicas de coleta de dados. É importante garantir que os dados sejam confiáveis, válidos e representativos do potencial sendo avaliado.

3. Análise dos dados: Os dados coletados são então analisados para obter uma compreensão do nível de desenvolvimento de

cada potencial. Isso pode envolver a comparação dos resultados com critérios predefinidos, como benchmarks ou padrões de referência. A análise dos dados permite identificar pontos fortes e áreas de melhoria em relação a cada potencial.

4. Feedback e reflexão: Com base na análise dos dados, é fundamental fornecer feedback aos indivíduos avaliados sobre seu nível de desenvolvimento em cada potencial. Isso pode ser feito de forma individualizada ou em um contexto de equipe. O feedback oferece a oportunidade de refletir sobre os resultados, identificar áreas de crescimento e estabelecer metas para o desenvolvimento dos potenciais.

5. Plano de desenvolvimento: Com o feedback em mãos, é possível criar um plano de desenvolvimento personalizado para cada indivíduo. Esse plano pode incluir estratégias, atividades e recursos para fortalecer os potenciais identificados como áreas de melhoria. O plano de desenvolvimento deve ser adaptado às necessidades e objetivos de cada indivíduo, promovendo um crescimento efetivo e direcionado.

6. Acompanhamento e avaliação contínua: O desenvolvimento dos potenciais não é um processo pontual, mas sim um processo contínuo. É importante acompanhar o progresso ao longo do tempo, realizar avaliações periódicas e ajustar o plano de desenvolvimento conforme

necessário. O acompanhamento contínuo garante que os potenciais sejam desenvolvidos de forma consistente e que os resultados sejam alcançados de maneira sustentável.

Em resumo, a mensuração e avaliação dos potenciais com o QU envolvem a identificação de indicadores, coleta de dados, análise dos resultados, feedback aos indivíduos, criação de planos de desenvolvimento personalizados e acompanhamento contínuo. Esse processo permite uma compreensão mais aprofundada dos potenciais e promove um desenvolvimento efetivo e equilibrado.

Aplicação do QU na liderança.

A aplicação do QU na liderança é uma abordagem inovadora que busca utilizar os potenciais do QU para desenvolver líderes mais eficazes e adaptáveis em um mundo VUCA. Aqui estão algumas maneiras de aplicar o QU na liderança:

1. Desenvolvimento de visão 360: O líder deve desenvolver uma visão ampla e abrangente, considerando não apenas os aspectos internos da organização, mas também as influências externas, como tendências de mercado, demandas dos clientes e mudanças socioeconômicas. O QU enfatiza a importância de ter uma visão holística e de longo prazo, permitindo que o líder antecipe desafios e identifique oportunidades.

2. Fomento da resiliência: A liderança envolve lidar com situações desafiadoras e adversidades. O QU destaca a importância da resiliência como um potencial fundamental para

enfrentar os obstáculos e se recuperar rapidamente. Os líderes podem aplicar o QU desenvolvendo estratégias de resiliência, promovendo a aprendizagem com os erros e incentivando uma mentalidade de crescimento em si mesmos e em suas equipes.

3. Cultivo da adaptabilidade: Em um ambiente VUCA, a capacidade de se adaptar rapidamente é essencial. Os líderes podem aplicar o QU desenvolvendo a adaptabilidade em si mesmos e incentivando-a em suas equipes. Isso envolve estar aberto a mudanças, buscar constantemente novas maneiras de fazer as coisas e promover uma cultura de aprendizado e flexibilidade.

4. Promoção da sincronicidade: A sincronicidade refere-se à capacidade de alinhar as ações

e esforços individuais e coletivos em direção aos objetivos organizacionais. Os líderes podem aplicar o QU promovendo a colaboração, a comunicação efetiva e o alinhamento de propósito entre os membros da equipe. Isso inclui a definição clara de metas, a delegação adequada de tarefas e a promoção de um ambiente de trabalho colaborativo.

5. Gestão do controle emocional: O controle emocional é essencial para a liderança eficaz. Os líderes podem aplicar o QU desenvolvendo habilidades de inteligência emocional, como o autoconhecimento, a autorregulação emocional e a empatia. Isso envolve a compreensão e a gestão das próprias emoções, bem como a

capacidade de lidar com as emoções dos outros de forma empática e construtiva.

Em suma, a aplicação do QU na liderança envolve o desenvolvimento de uma visão 360, a promoção da resiliência, a cultura da adaptabilidade, a busca pela sincronicidade e a gestão do controle emocional. Ao utilizar os potenciais do QU, os líderes podem se tornar mais eficazes na condução de suas equipes em um mundo VUCA, alcançando resultados excepcionais e enfrentando os desafios com confiança e agilidade.

LIDERANÇA NO MUNDO VUCA: DESAFIOS E DEMANDAS

A liderança no mundo VUCA apresenta desafios únicos e demandas sem precedentes. As constantes mudanças no ambiente de negócios, as rápidas inovações tecnológicas e as incertezas socioeconômicas exigem que os líderes sejam ágeis, adaptáveis e resilientes. Nesse contexto, o conceito do QU se torna ainda mais relevante, pois oferece uma abordagem abrangente para enfrentar esses desafios e se destacar como líder.

A importância do equilíbrio dos potenciais na liderança

O equilíbrio dos potenciais do QU é essencial para a liderança eficaz no mundo VUCA. Os cinco potenciais - visão 360, resiliência, adaptabilidade, sincronicidade e controle emocional - trabalham em conjunto para fortalecer a capacidade do líder de lidar com situações complexas, tomar decisões informadas e liderar com confiança. Cada um desses potenciais desempenha um papel fundamental na habilidade do líder em antecipar desafios, encontrar soluções criativas e inspirar a equipe.

Estratégias para desenvolver os potenciais do QU na liderança

Desenvolver os potenciais do QU na liderança requer uma abordagem estruturada e intencional. Aqui estão algumas estratégias práticas para fortalecer cada um dos potenciais do QU:

1. Visão 360: Busque ampliar sua perspectiva, ouvindo diferentes opiniões e considerando múltiplos pontos de vista. Estabeleça um ambiente de abertura e incentivo à colaboração, onde todas as vozes sejam valorizadas.

2. Resiliência: Desenvolva sua resiliência por meio da gestão adequada do estresse e da pressão. Cultive uma mentalidade de aprendizado contínuo, buscando lições e oportunidades de crescimento em momentos desafiadores. Apoie sua equipe, oferecendo suporte emocional e recursos necessários para lidar com adversidades.

3. Adaptabilidade: Esteja disposto a se adaptar às mudanças e abraçar novas oportunidades. Seja flexível em sua abordagem, esteja aberto a novas ideias e demonstre uma mentalidade ágil e receptiva.

4. Sincronicidade: Promova a colaboração e a comunicação eficaz em sua equipe. Estabeleça metas claras e alinhe os esforços individuais e coletivos em direção aos objetivos organizacionais. Encoraje a troca de conhecimentos e experiências entre os membros da equipe.

5. Controle emocional: Aprenda a reconhecer e gerenciar suas próprias emoções, bem como as emoções dos outros. Desenvolva habilidades de inteligência emocional, como a empatia e a autorregulação emocional. Crie um ambiente

de trabalho saudável, que promova o bem-estar emocional e o engajamento da equipe.

QU e a gestão de equipes

A aplicação do QU na gestão de equipes envolve o reconhecimento e o desenvolvimento dos potenciais individuais e coletivos. Ao compreender os potenciais do QU em cada membro da equipe, o líder pode atribuir responsabilidades de forma estratégica, desenvolver planos de desenvolvimento personalizados e promover um ambiente de trabalho que favoreça o crescimento e a colaboração. O QU serve como uma bússola para guiar o líder na criação de equipes equilibradas, engajadas e eficazes, permitindo que alcancem resultados excepcionais.

Ao abordar os desafios da liderança no mundo VUCA, a compreensão e aplicação dos potenciais do QU tornam-se ferramentas poderosas para os líderes. Ao equilibrar esses potenciais e adotar estratégias para o seu desenvolvimento, os líderes podem se destacar em um mundo em constante mudança e guiar suas equipes rumo ao sucesso.

EQUIPES DE ALTO DESEMPENHO COM BASE NOS POTENCIAIS DO QU

A construção de equipes de alto desempenho é um desafio crucial para qualquer organização que busca se destacar em um mundo VUCA. Os potenciais do QU desempenham um papel fundamental nesse processo, permitindo que os líderes desenvolvam equipes equilibradas, engajadas e capazes de enfrentar os desafios do ambiente de negócios em constante transformação.

Ao construir equipes de alto desempenho com base nos

potenciais do QU, é essencial considerar as seguintes abordagens:

1. Identificar os potenciais individuais: Cada membro da equipe possui potenciais únicos e complementares. É importante realizar uma análise individual para identificar os potenciais de cada membro, levando em consideração suas habilidades, experiências e perspectivas. Com base nessa análise, os líderes podem atribuir responsabilidades e tarefas de acordo com os potenciais de cada membro, maximizando o aproveitamento de suas habilidades.

2. Promover a sinergia entre os membros da equipe: O equilíbrio dos potenciais do QU na equipe é essencial para criar sinergia e colaboração entre os membros. Os líderes devem

incentivar a troca de conhecimentos e experiências, promovendo uma cultura de cooperação e apoio mútuo. Além disso, é importante estabelecer metas claras e alinhadas com os potenciais individuais e coletivos, criando um senso de propósito compartilhado.

3. Desenvolver habilidades de comunicação e colaboração: A comunicação eficaz e a colaboração são fundamentais para o sucesso das equipes. Os líderes devem incentivar a expressão de ideias, ouvir ativamente os membros da equipe e promover a participação de todos nas discussões e tomadas de decisão. Além disso, é importante fornecer treinamento e desenvolvimento contínuo em habilidades de comunicação e

colaboração, aprimorando a capacidade da equipe de trabalhar em conjunto de forma eficiente.

Utilizando a IA parametrizada com QU para aprimorar a gestão de equipes

A IA parametrizada com QU oferece uma oportunidade única para aprimorar a gestão de equipes e maximizar o potencial humano. Ao utilizar a IA como ferramenta de análise e suporte, os líderes podem obter insights valiosos sobre o desempenho e o desenvolvimento da equipe.

A IA parametrizada com QU pode auxiliar os líderes de equipe de várias maneiras, incluindo:

1. Análise de dados: A IA pode coletar e analisar dados relacionados ao desempenho

individual e coletivo da equipe. Isso inclui métricas de desempenho, feedback dos clientes, indicadores de engajamento e muito mais. Com base nesses dados, os líderes podem identificar áreas de melhoria, oportunidades de desenvolvimento e implementar estratégias eficazes para otimizar o desempenho da equipe.

2. Identificação de potenciais não desenvolvidos: A IA parametrizada com QU pode identificar potenciais não desenvolvidos em membros individuais da equipe. Com base nas métricas e parâmetros do QU, a IA pode avaliar o equilíbrio dos potenciais em cada membro e destacar áreas que necessitam de atenção e desenvolvimento. Isso permite que os líderes implementem

planos de desenvolvimento personalizados, proporcionando oportunidades de crescimento e aprimoramento para cada membro da equipe.

3. Suporte na tomada de decisões: A IA pode fornecer insights e recomendações para apoiar a tomada de decisões dos líderes de equipe. Com base na análise de dados e nos parâmetros do QU, a IA pode oferecer sugestões sobre atribuição de tarefas, formação de equipes e estratégias de resolução de problemas. Isso permite que os líderes tomem decisões informadas e embasadas, maximizando o potencial da equipe.

QU e estratégias empresariais

O QU desempenha um papel fundamental na definição e

implementação de estratégias empresariais. Ao considerar os potenciais do QU, os líderes podem criar estratégias mais adaptáveis, resilientes e alinhadas com as demandas do mundo VUCA.

Alguns aspectos-chave da aplicação do QU nas estratégias empresariais incluem:

1. Antecipação de desafios e tendências: O QU permite que os líderes antecipem desafios e tendências, ajudando-os a tomar decisões proativas e estratégicas. Com base nos potenciais do QU, os líderes podem identificar áreas de vulnerabilidade e implementar estratégias de mitigação de riscos.

2. Agilidade e adaptabilidade: O QU enfatiza a importância da adaptabilidade e da agilidade

na gestão empresarial. Os líderes podem utilizar os potenciais do QU para desenvolver uma cultura organizacional que valoriza a aprendizagem contínua, a flexibilidade e a capacidade de se adaptar rapidamente às mudanças do mercado.

3. Engajamento e motivação da equipe: A aplicação do QU na gestão estratégica permite que os líderes construam uma equipe engajada e motivada. Ao considerar os potenciais individuais e coletivos do QU, os líderes podem atribuir responsabilidades de forma estratégica, desenvolver planos de desenvolvimento personalizados e promover um ambiente de trabalho que favoreça o crescimento e a colaboração.

Ao compreender e aplicar os potenciais do QU na construção de equipes de alto desempenho, na utilização da IA parametrizada com QU e na definição de estratégias empresariais, os líderes estarão preparados para enfrentar os desafios do mundo VUCA e impulsionar o sucesso de suas organizações.

ADAPTANDO-SE ÀS MUDANÇAS DO MERCADO COM O QU

Em um ambiente de negócios em constante mudança, adaptar-se rapidamente às demandas do mercado é essencial para a sobrevivência e o sucesso das organizações. O QU desempenha um papel fundamental nessa adaptação, permitindo que os líderes compreendam e avaliem o equilíbrio dos potenciais necessários para enfrentar os desafios do mercado em constante evolução.

Através dos potenciais do QU, os líderes podem desenvolver uma mentalidade de adaptabilidade, identificando e aproveitando oportunidades de inovação, diversificação e reestruturação. O QU fornece uma métrica e um parâmetro para avaliar a capacidade de uma organização de se adaptar às mudanças do mercado, levando em consideração não apenas fatores externos, mas também a resiliência, a sincronicidade e a visão 360 dos indivíduos e equipes envolvidos.

Identificando e antecipando desafios em um ambiente VUCA

Um dos maiores desafios enfrentados pelas organizações em um ambiente VUCA é a incerteza e a imprevisibilidade. No entanto, o QU permite que os líderes identifiquem e antecipem esses desafios, adotando uma abordagem preventiva e próativa.

Ao avaliar e equilibrar os potenciais do QU, os líderes podem identificar áreas de vulnerabilidade e implementar estratégias de mitigação de riscos. A visão 360 permite uma compreensão holística do ambiente de negócios, levando em consideração fatores internos e externos. A resiliência permite que a organização se recupere rapidamente de adversidades, enquanto a adaptabilidade capacita a empresa a se ajustar às mudanças do mercado. A sincronicidade promove a harmonia entre diferentes partes da organização, permitindo uma resposta eficiente aos desafios emergentes.

Utilizando a IA parametrizada com QU para impulsionar estratégias de negócios

A IA parametrizada com QU oferece um poderoso recurso para impulsionar as estratégias de negócios. Através da análise de dados e da aplicação dos parâmetros do QU, a IA pode fornecer insights valiosos para orientar as decisões estratégicas e aprimorar a eficácia operacional.

A IA pode analisar dados internos e externos, identificando tendências, padrões e oportunidades de negócios. Ao combinar os potenciais do QU com a inteligência da IA, os líderes podem tomar decisões informadas e embasadas em dados, otimizando o desempenho da organização.

Além disso, a IA parametrizada com QU pode auxiliar na identificação e desenvolvimento de talentos, por meio da análise de potenciais individuais e da sugestão de planos de desenvolvimento personalizados. Isso permite que os líderes construam equipes fortes e alinhadas com os objetivos estratégicos da organização.

QU: O futuro dos negócios

À medida que o mundo VUCA continua a evoluir, o QU se apresenta como uma abordagem revolucionária para enfrentar os desafios empresariais. Ao equilibrar os potenciais do QU, as organizações podem desenvolver uma cultura de adaptabilidade, resiliência e inovação contínua.

Através da utilização da IA parametrizada com QU, os líderes podem impulsionar estratégias de negócios orientadas pelos potenciais humanos, baseadas em insights e análises de dados. Isso permite que as organizações se antecipem às mudanças do mercado, identifiquem oportunidades e enfrentem os desafios de forma proativa.

O QU representa o futuro dos negócios, onde a métrica e o parâmetro do equilíbrio dos potenciais humanos se tornam fundamentais para o sucesso das organizações. Ao adotar essa abordagem revolucionária, as empresas podem se destacar em um mundo VUCA, impulsionando a inovação, a competitividade e o crescimento sustentável.

TENDÊNCIAS EMERGENTES E A EVOLUÇÃO DO QU

O mundo dos negócios está em constante evolução, impulsionado por avanços tecnológicos, mudanças sociais e econômicas, e a crescente complexidade do ambiente empresarial. Nesse contexto, o QU emerge como uma abordagem revolucionária para enfrentar os desafios e capitalizar as oportunidades que surgem.

À medida que as organizações buscam se adaptar a um ambiente VUCA, o QU se torna cada vez mais relevante. A compreensão e o equilíbrio dos potenciais humanos se tornam essenciais para navegar por esse cenário em constante mudança. O QU, como métrica e parâmetro, fornece uma base sólida para avaliar e desenvolver esses potenciais, permitindo uma abordagem mais holística e eficaz na condução dos negócios.

Desafios e oportunidades na adoção do QU nas empresas

A adoção do QU nas empresas traz consigo desafios e oportunidades únicas. Embora a compreensão dos potenciais humanos seja crucial, a implementação prática do QU pode exigir mudanças significativas nas estruturas e processos existentes.

Uma das principais oportunidades é a capacidade de construir equipes de alto desempenho, alinhadas com os potenciais do QU. Isso envolve identificar talentos, desenvolver habilidades, promover a colaboração e criar uma cultura organizacional que valorize o equilíbrio dos potenciais humanos. Com equipes mais adaptáveis, resilientes e sincronizadas, as empresas podem enfrentar os desafios de forma mais eficaz e aproveitar as oportunidades de crescimento.

No entanto, a adoção do QU também apresenta desafios, como resistência à mudança, necessidade de treinamento e desenvolvimento, e a integração da IA parametrizada com QU nas operações diárias das empresas. É importante que os líderes estejam preparados para enfrentar esses desafios, investindo em capacitação e promovendo uma cultura de aprendizado contínuo.

Preparando-se para um futuro orientado pelo QU

O QU representa uma abordagem inovadora e promissora para os negócios, e as empresas que estão dispostas a abraçar essa abordagem têm a oportunidade de se destacar em um mundo VUCA. Para se preparar para um futuro orientado pelo QU, é importante considerar algumas diretrizes:

1. Compreender os potenciais do QU: Os líderes devem ter um profundo entendimento dos cinco potenciais do QU (visão 360, resiliência, adaptabilidade, sincronicidade e controle emocional) e sua importância no contexto empresarial.

2. Investir em capacitação e desenvolvimento: As organizações devem oferecer treinamentos e programas de desenvolvimento que ajudem os colaboradores a aprimorar seus potenciais e desenvolver habilidades essenciais para

enfrentar os desafios do mundo VUCA.

3. Integrar a IA parametrizada com QU: A aplicação da IA parametrizada com QU pode trazer benefícios significativos para as empresas. É necessário investir em tecnologia e recursos adequados para implementar e aproveitar todo o potencial dessa combinação.

4. Fomentar uma cultura de equilíbrio de potenciais: As empresas devem promover uma cultura que valorize o equilíbrio dos potenciais humanos, reconhecendo a importância de cada um deles e incentivando sua aplicação no dia a dia.

Ao se preparar para um futuro orientado pelo QU, as empresas estarão mais bem posicionadas para enfrentar os desafios emergentes, capitalizar as oportunidades de negócios e alcançar resultados excepcionais em um mundo VUCA em constante transformação.

IMPLEMENTAÇÃO DO QU: DESAFIOS E PASSOS PRÁTICOS

A implementação do QU (Quociente de Inteligência Universal Sincrônico) nas empresas é um processo desafiador, mas repleto de oportunidades. Neste capítulo, abordaremos os desafios comuns enfrentados durante a implementação do QU e forneceremos orientações práticas para que você possa adotar essa abordagem de forma eficaz em sua organização. Vamos explorar os passos necessários para superar as resistências, engajar os colaboradores e estabelecer uma cultura de equilíbrio dos potenciais humanos.

Identificação dos desafios e resistências

Ao iniciar a implementação do QU, é importante estar ciente dos desafios e resistências que podem surgir. Alguns colaboradores podem estar relutantes em abandonar as práticas convencionais, enquanto outros podem temer que a IA parametrizada com QU possa substituir seus cargos. É fundamental identificar esses desafios e resistências para poder enfrentá-los de forma adequada.

Uma estratégia eficaz é realizar sessões de sensibilização e esclarecimento, nas quais os benefícios e as oportunidades proporcionados pelo QU são discutidos de maneira aberta e transparente. É importante envolver os colaboradores desde o início, ouvindo suas preocupações e respondendo a suas perguntas. Além disso, fornecer exemplos de sucesso e casos reais de empresas que implementaram o QU com êxito pode ajudar a dissipar dúvidas e receios.

Engajando os colaboradores

O engajamento dos colaboradores é fundamental para o sucesso da implementação do QU. É importante criar um ambiente de confiança e colaboração, no qual os colaboradores se sintam valorizados e parte do processo de transformação. Incentive a participação ativa dos colaboradores, permitindo que eles contribuam com ideias, sugestões e feedback ao longo do processo.

Uma estratégia eficaz é estabelecer grupos de trabalho ou comitês multidisciplinares, nos quais os colaboradores possam colaborar na definição de metas, na identificação de desafios específicos e no desenvolvimento de soluções. Essa abordagem envolve os colaboradores diretamente no processo de implementação, criando um senso de propriedade e comprometimento com os resultados.

Definição de metas e indicadores

Para medir o progresso e o impacto do QU na empresa, é essencial estabelecer metas claras e indicadores de desempenho relevantes. As metas devem estar alinhadas com a visão estratégica da organização e refletir os resultados desejados com a implementação do QU. Os indicadores de desempenho devem ser escolhidos com cuidado, levando em consideração os potenciais do QU, como visão 360, resiliência, adaptabilidade, sincronicidade e controle emocional.

Além disso, é importante comunicar essas metas e indicadores de forma clara e transparente para os colaboradores, garantindo que todos compreendam sua importância e como contribuir para alcançá-las. Isso promoverá um senso de propósito e direção compartilhados, alinhando os esforços individuais e coletivos em prol do equilíbrio dos potenciais humanos na organização.

Estabelecimento de um plano de ação

Um plano de ação detalhado é essencial para orientar a implementação do QU e garantir que todas as etapas sejam realizadas de maneira organizada e eficiente. O plano de ação deve incluir um cronograma realista, definindo prazos e responsabilidades claras para cada etapa do processo.

É importante considerar as necessidades de capacitação dos colaboradores, fornecendo treinamentos e workshops que os ajudem a compreender e aplicar os princípios do QU em seu trabalho diário. Além disso, é necessário assegurar que a infraestrutura tecnológica esteja preparada para suportar a implementação da IA parametrizada com QU, garantindo a segurança e o desempenho adequados.

Monitoramento contínuo e ajustes necessários

A implementação do QU não é um processo estático, e é fundamental realizar um monitoramento contínuo para avaliar o progresso e identificar possíveis ajustes ao longo do caminho. É recomendado estabelecer mecanismos de feedback e avaliação, nos quais os colaboradores possam expressar suas opiniões e sugerir melhorias.

Além disso, é importante estar atento às mudanças do ambiente externo, como novas tendências e tecnologias emergentes, e adaptar a implementação do QU conforme necessário. A flexibilidade e a capacidade de ajustar o curso são fundamentais para garantir que o QU permaneça relevante e eficaz ao longo do tempo.

Exemplos de empresas que implementaram o QU com sucesso

Para inspirar e motivar os colaboradores, compartilhe exemplos de empresas que implementaram o QU com sucesso e os resultados obtidos. Destaque como essas empresas conseguiram equilibrar os potenciais humanos, fortalecer a liderança, construir equipes de alto desempenho e impulsionar estratégias de negócios inovadoras.

Esses exemplos podem servir como modelos e referências para os colaboradores, demonstrando que a implementação do QU é possível e traz benefícios reais para as empresas. Ao apresentar casos concretos, é importante destacar os desafios enfrentados e as estratégias adotadas para superá-los, proporcionando uma visão prática e realista do processo de implementação.

Conclusão

A implementação do QU nas empresas requer uma abordagem cuidadosa e estruturada. Ao identificar os desafios, engajar os colaboradores, estabelecer metas e indicadores, criar um plano de ação e monitorar continuamente o progresso, as empresas podem alcançar resultados significativos e transformar-se em organizações inteligentes e orientadas pelo equilíbrio dos potenciais humanos.

Ao adotar o QU como uma nova forma de abordar os desafios do mundo VUCA, as empresas estarão preparadas para enfrentar as mudanças do mercado, identificar e antecipar desafios e impulsionar estratégias de negócios inovadoras. O QU oferece uma visão holística e integrada, equilibrando os potenciais humanos com o suporte da IA parametrizada com QU.

Lembre-se de que a implementação do QU é um processo contínuo edinâmico. À medida que a empresa avança nessa jornada, é essencial manter-se atualizado com as tendências emergentes e evoluções do QU, adaptando-se às mudanças e oportunidades que surgem.

Com dedicação, comprometimento e uma mentalidade de aprendizado contínuo, sua empresa estará preparada para colher os frutos do equilíbrio dos potenciais humanos e da inteligência sincrônica proporcionados pelo QU. Em um mundo em constante transformação, o QU se torna uma poderosa ferramenta para impulsionar o sucesso empresarial e construir uma organização resiliente e inovadora.

Este capítulo forneceu orientações práticas para enfrentar os desafios da implementação do QU e dar os passos necessários para integrar essa abordagem em sua organização. Lembre-se de adaptar as estratégias e abordagens às necessidades específicas da sua empresa, promovendo um ambiente de colaboração, aprendizado e crescimento.

Com o QU como guia, sua empresa estará pronta para enfrentar os desafios do mundo VUCA, antecipar mudanças, fortalecer a liderança, construir equipes de alto desempenho e impulsionar estratégias de negócios inovadoras. Prepare-se para colher os benefícios de uma empresa inteligente, onde o equilíbrio dos potenciais humanos e a IA parametrizada com QU se unem para alcançar resultados excepcionais.

Lembre-se de que a implementação do QU é uma jornada transformadora. Ao seguir os passos apresentados neste capítulo e manter um compromisso contínuo com o equilíbrio dos potenciais humanos, sua empresa estará preparada para enfrentar o futuro com confiança e excelência. O QU é o caminho para uma empresa verdadeiramente inteligente e preparada para enfrentar os desafios e oportunidades do mundo em constante evolução.

IMPLEMENTANDO A INTELIGÊNCIA ARTIFICIAL NAS EMPRESAS

A implementação da Inteligência Artificial (IA) nas empresas tem se mostrado um diferencial competitivo e uma oportunidade para impulsionar a eficiência, a inovação e o sucesso nos negócios. Neste capítulo, exploraremos os benefícios e os desafios da implementação da IA, além de fornecer orientações práticas para ajudar as empresas a incorporá-la em suas operações.

Os benefícios da IA nas empresas

A IA oferece uma série de benefícios para as empresas, desde a automatização de tarefas repetitivas até a análise avançada de dados e a tomada de decisões inteligentes. Ao implementar a IA, as empresas podem obter insights valiosos, melhorar a eficiência operacional, impulsionar a inovação e melhorar a experiência do cliente.

Por meio da análise de grandes volumes de dados, a IA pode identificar padrões e tendências ocultas, ajudando as empresas a entender melhor seus clientes, antecipar demandas e tomar decisões estratégicas informadas. Além disso, a IA pode automatizar processos, reduzindo erros humanos e aumentando a produtividade.

Desafios na implementação da IA

Embora a implementação da IA ofereça inúmeros benefícios, também apresenta desafios únicos. Alguns dos desafios comuns incluem a integração com sistemas existentes, a segurança e a privacidade dos dados, a obtenção de talentos especializados em IA e a resistência à mudança por parte dos colaboradores.

É importante enfrentar esses desafios de forma proativa. Isso pode ser feito por meio de parcerias estratégicas com especialistas em IA, investimento em programas de capacitação e conscientização, e o estabelecimento de políticas robustas de segurança de dados. Além disso, é fundamental envolver os colaboradores desde o início, fornecendo treinamentos e comunicando os benefícios da IA para ajudar a superar a resistência e promover a adoção.

Passos para implementar a IA nas empresas

A implementação da IA requer uma abordagem estruturada e planejada.

Aqui estão alguns passos a serem considerados:

1. Avalie a viabilidade: Analise as necessidades da empresa e identifique as áreas que podem se beneficiar da implementação da IA. Considere os recursos necessários, o retorno do investimento e os possíveis impactos nos processos existentes.
2. Estabeleça uma estratégia: Defina uma estratégia clara e alinhada com os objetivos da empresa. Identifique os casos de uso prioritários e estabeleça metas realistas para a implementação da IA.
3. Adquira as ferramentas certas: Pesquise e selecione as ferramentas de IA adequadas às necessidades da sua empresa. Isso pode incluir soluções de machine learning,

processamento de linguagem natural ou análise de dados, por exemplo.

4. Capacite a equipe: Invista na capacitação da equipe para trabalhar com a IA. Isso pode incluir treinamentos internos, contratação de especialistas em IA ou parcerias com empresas especializadas.

5. Pilote e avalie: Realize projetos piloto para testar a implementação da IA em um ambiente controlado. Avalie os resultados, faça ajustes se necessário e obtenha feedback dos colaboradores envolvidos.

6. Amplie a implementação: Com base nos resultados dos projetos piloto, expanda a implementação da IA para outras áreas da empresa. Acompanhe o progresso, faça ajustes contínuos e busque

oportunidades adicionais para aplicar a IA.

Considerações éticas e responsáveis

Ao implementar a IA, é fundamental considerar as questões éticas e responsáveis. Isso envolve garantir a privacidade e a segurança dos dados, evitando a discriminação algorítmica e promovendo a transparência na tomada de decisões.

Além disso, é importante que as empresas definam políticas claras sobre o uso da IA e comuniquem essas diretrizes aos colaboradores. Isso ajudará a garantir que a IA seja aplicada de maneira ética e alinhada aos valores da empresa.

Conclusão

A implementação da IA nas empresas apresenta inúmeras

oportunidades para impulsionar a eficiência, a inovação e o sucesso. Ao considerar os benefícios, os desafios e seguiruma abordagem estruturada, as empresas podem aproveitar ao máximo o potencial da IA.

Neste capítulo, discutimos os benefícios da implementação da IA, como a automatização de tarefas, a análise avançada de dados e a tomada de decisões inteligentes. Também abordamos os desafios comuns na implementação da IA, como a integração com sistemas existentes e a resistência à mudança.

Apresentamos passos práticos para implementar a IA nas empresas, desde a avaliação da viabilidade e a definição de uma estratégia clara até a capacitação da equipe e a realização de projetos piloto.

Enfatizamos a importância de considerar questões éticas e responsáveis, como a privacidade dos dados e a transparência na tomada de decisões.

A implementação da IA requer comprometimento, investimento em recursos e uma abordagem centrada nas necessidades da empresa. Ao superar os desafios e alinhar a implementação da IA com a estratégia empresarial, as empresas estarão preparadas para impulsionar a inovação, melhorar a eficiência e enfrentar os desafios do mercado.

No próximo capítulo, exploraremos o potencial transformador da integração do QU e da IA nas empresas. Veremos como essas duas abordagens complementares podem se unir para criar uma sinergia única, impulsionando o sucesso e preparando as empresas para um futuro orientado pelo equilíbrio dos potenciais humanos e pela inteligência sincrônica.

EMPRESA INTELIGENTE COM O QU E A IA NO MUNDO VUCA

Neste capítulo, exploraremos como a parametrização do QU em IA pode transformar uma empresa convencional em uma Empresa Inteligente. Em um mundo VUCA, caracterizado por volatilidade, incerteza, complexidade e ambiguidade, as empresas enfrentam desafios constantes. Veremos como o QU, com sua abordagem holística, e a IA, com sua capacidade de processamento avançado, podem impulsionar melhorias significativas nos negócios, tornando-os mais ágeis, adaptáveis e eficientes.

A importância do QU e da IA na transformação empresarial

O QU, com seus cinco potenciais - visão 360, resiliência, adaptabilidade, sincronicidade e controle emocional - fornece a base para equilibrar e desenvolver o potencial humano nas empresas. A parametrização do QU em IA amplifica esses potenciais, permitindo que a empresa aproveite ao máximo a inteligência coletiva e a capacidade de previsão e antecipação de problemas.

Ao incorporar a IA parametrizada com QU, as empresas podem alcançar melhorias significativas em várias áreas-chave:

Tomada de decisão estratégica: A IA pode analisar grandes volumes de dados, identificar padrões e fornecer insights valiosos para a tomada de decisões estratégicas. Com a parametrização do QU, as decisões podem ser orientadas pelo equilíbrio dos potenciais, levando em consideração não apenas dados quantitativos, mas também a perspectiva holística do ser humano.

Agilidade e adaptabilidade: A parametrização do QU em IA permite que a empresa se adapte rapidamente às mudanças do ambiente de negócios. A IA pode identificar tendências emergentes, antecipar desafios e fornecer recomendações para ajustes estratégicos. O QU, por sua vez, promove a resiliência e a adaptabilidade dos colaboradores, capacitando-os a lidar com as incertezas e os desafios.

Eficiência operacional: A automação de tarefas rotineiras e a otimização de processos por meio da IA podem melhorar significativamente a eficiência operacional. A parametrização do QU na IA também leva em consideração o equilíbrio emocional e a sincronicidade, criando um ambiente de trabalho produtivo e harmonioso.

Experiência do cliente aprimorada: A IA pode personalizar a experiência do cliente, oferecendo recomendações personalizadas, atendimento mais ágil e resolução de problemas de forma eficiente. A parametrização do QU em IA também leva em consideração o controle emocional, garantindo interações positivas e satisfatórias com os clientes.

Inovação e criatividade: A IA, combinada com o equilíbrio dos potenciais do QU, estimula a inovação e a criatividade nas empresas. A parametrização do QU em IA promove a visão 360, incentivando a colaboração e a diversidade de perspectivas, resultando em soluções inovadoras e diferenciadas.

Exemplos de empresas que aplicam o QU e a IA

Várias empresas já estão aproveitando o poder do QU e da IA para transformar seus negócios e impulsionar o sucesso. Aqui estão alguns exemplos inspiradores:

Amazon: A Amazon utiliza a IA parametrizada com QU para personalizar a experiência do cliente. Por meio de algoritmos avançados, a empresa recomenda produtos com base nas preferências e histórico de compras dos clientes, garantindo uma experiência de compra altamente personalizada.

Tesla: A Tesla incorpora a IA parametrizada com QU em seus

veículos elétricos autônomos. Esses veículos utilizam algoritmos de aprendizado de máquina para analisar dados em tempo real e tomar decisões complexas, como a navegação autônoma e o reconhecimento de obstáculos.

Netflix: A Netflix usa a IA parametrizada com QU para recomendar filmes e séries aos seus assinantes. Com base no histórico de visualização e preferências dos usuários, a plataforma personaliza as recomendações, oferecendo uma experiência de entretenimento sob medida.

Google: O Google emprega aIA parametrizada com QU para fornecer resultados de busca mais relevantes e personalizados. Com algoritmos avançados, a empresa analisa o contexto do usuário, histórico de pesquisa e preferências para entregar informações mais precisas e úteis.

IBM: A IBM utiliza a IA parametrizada com QU em suas soluções de análise de dados e tomada de decisões. Através de sua plataforma de inteligência artificial Watson, a empresa ajuda as organizações a extrair insights valiosos de grandes conjuntos de dados, permitindo uma tomada de decisão mais informada e estratégica.

Esses exemplos ilustram como empresas de diversos setores estão aplicando o QU e a IA para impulsionar melhorias significativas em seus negócios. Ao equilibrar os potenciais humanos por meio do QU e aproveitar o poder da IA, essas empresas estão se tornando mais ágeis, adaptáveis e eficientes, proporcionando experiências personalizadas e inovadoras aos clientes.

Conclusão

A parametrização do QU em IA oferece às empresas uma oportunidade única de transformar seus negócios em um mundo VUCA. Ao equilibrar os potenciais humanos e aproveitar a capacidade avançada de processamento e análise da IA, as empresas podem alcançar melhorias significativas em todas as áreas dos negócios. A implementação do QU e da IA requer um planejamento cuidadoso, investimento em tecnologia e capacitação dos colaboradores. No entanto, os benefícios são notáveis, proporcionando uma vantagem competitiva e impulsionando o sucesso sustentável.

No próximo capítulo, exploraremos o impacto do QU e da IA na gestão de recursos humanos, examinando como essas abordagens podem otimizar a contratação, desenvolvimento e retenção de talentos, e promover uma cultura organizacional baseada no equilíbrio dos potenciais e na inteligência sincrônica.

CONCLUSÃO

À medida que exploramos o conceito revolucionário do QU - Quociente de Inteligência Universal Sincrônico - e sua aplicação nos negócios em um mundo VUCA, percebemos a importância e o potencial transformador que ele traz para as empresas. O QU vai além das métricas tradicionais, como QI, QE e QA, e concentra-se nos potenciais humanos essenciais: visão 360, resiliência, adaptabilidade, sincronicidade e controle emocional.

Ao adotar o QU como uma métrica e um parâmetro para avaliar e desenvolver os potenciais humanos, as empresas podem construir equipes de alto desempenho e promover uma cultura organizacional que valoriza o equilíbrio desses potenciais. Isso permite que as equipes enfrentem os desafios do mundo VUCA de forma mais eficaz, sejam mais adaptáveis às mudanças do mercado e aproveitem as oportunidades de crescimento.

A aplicação da IA parametrizada com QU traz uma nova dimensão para a gestão de equipes e para a estratégia empresarial. A IA pode auxiliar na identificação e antecipação de desafios, fornecendo insights valiosos para a tomada de decisões e impulsionando estratégias de negócios mais inteligentes e assertivas.

No entanto, a adoção do QU nas empresas não é isenta de desafios. É preciso enfrentar resistências à mudança, investir em capacitação e promover uma cultura de aprendizado contínuo. É necessário também integrar a IA parametrizada com QU nas operações diárias das empresas, garantindo que ela seja uma aliada eficaz na busca pelo equilíbrio dos potenciais e no enfrentamento dos desafios do mundo VUCA.

À medida que nos preparamos para um futuro orientado pelo QU, é essencial compreender as tendências emergentes e a evolução desse conceito. As empresas devem estar atentas aos desafios e oportunidades que surgem nesse contexto, buscando se adaptar às mudanças do mercado, utilizando a IA parametrizada com QU como uma ferramenta poderosa para impulsionar suas estratégias de negócios.

O QU é mais do que uma abordagem convencional. É uma forma de olhar para os negócios e para as pessoas de maneira holística, reconhecendo e desenvolvendo os potenciais humanos como a base para o sucesso em um mundo em constante transformação. Preparar-se para esse futuro orientado pelo QU requer uma mentalidade aberta, disposição para inovar e a busca constante pelo equilíbrio dos potenciais.

Este livro é um convite para explorar essa abordagem revolucionária, compreender o poder do QU e sua aplicação prática nos negócios. Através de exemplos, insights e estratégias, buscamos capacitar líderes e profissionais a adotar o QU como uma nova forma de liderança e gestão, preparando-os para enfrentar os desafios e aproveitar as oportunidades em um mundo VUCA.

À medida que encerramos esta jornada, esperamos que você esteja inspirado e motivado a abraçar o QU como uma ferramenta poderosa para transformar seus negócios e alcançar resultados excepcionais. Este é apenas o começo de uma nova era, onde o equilíbrio dos potenciais e a inteligência sincrônica se tornam a base para o sucesso sustentável. Estamos rumo a uma empresa inteligente, preparada para enfrentar os desafios e prosperar em um mundo em constante evolução.

CONSIDERAÇÕES FINAIS

O sucesso humano é impulsionado pelo equilíbrio do QU (Quociente de Inteligência Universal Sincrônico), um conceito respaldado por pesquisas científicas e estudos de caso. Diversos estudos exploraram os aspectos do QU e seus efeitos em diferentes áreas da vida humana.

Um estudo conduzido por pesquisadores da Universidade de Stanford revelou a importância do desenvolvimento da resiliência e do controle emocional na obtenção de resultados positivos em carreiras e relacionamentos. Essa pesquisa demonstrou como a capacidade de lidar com adversidades e controlar as emoções contribui para a tomada de decisões acertadas e a construção de relacionamentos saudáveis e produtivos.

Clayton Christensen, renomado professor de Administração de Empresas em Harvard, destaca que a inovação disruptiva requer uma mudança de abordagem e a superação de paradigmas ultrapassados. Ele ressalta que o sucesso está em abraçar a mudança e adaptar-se rapidamente às novas circunstâncias.

Daniel Kahneman, psicólogo e economista ganhador do Prêmio Nobel, nos lembra que nossas decisões são influenciadas pela forma como vemos os problemas. Ao adotarmos uma perspectiva positiva e encararmos os desafios como oportunidades de aprendizado, podemos tomar decisões mais acertadas e alcançar resultados superiores. A teoria da inteligência emocional, desenvolvida por Daniel Goleman, também se alinha ao conceito do QU, enfatizando a importância do equilíbrio emocional para o sucesso pessoal e profissional.

Howard Gardner, renomado psicólogo e professor da Harvard Graduate School of Education, destaca a importância de equilibrar e desenvolver todas as nossas inteligências. Ele nos encoraja a reprogramar nossa abordagem educacional, valorizando não apenas a inteligência lógico-matemática, mas também a inteligência emocional, musical, espacial e outras, permitindo-nos explorar todo o nosso potencial.

Esses grandes nomes, juntamente com outros defensores do pensamento inovador, reforçam a importância de adotar uma nova perspectiva diante dos problemas. Ao equilibrarmos nossos potenciais por meio da visão 360, resiliência, adaptabilidade, sincronicidade e controle emocional, estaremos preparados para enfrentar os desafios com confiança, criatividade e eficácia. Essa abordagem também se relaciona com outras teorias e conceitos relevantes, como a teoria do crescimento de Carol Dweck, que destaca a importância de uma mentalidade de crescimento na busca pelo sucesso.

Neste livro, exploramos de forma abrangente os princípios do QU e como eles se relacionam com diferentes áreas da vida humana. Analisamos pesquisas científicas, estudos de caso inspiradores e teorias relevantes para fornecer uma visão ampla e fundamentada sobre o equilíbrio do QU e seu impacto no sucesso pessoal e profissional.

Ao longo dos capítulos, examinamos o conceito do QU em conjunto com a

Inteligência Artificial (IA) e como essa poderosa parceria pode potencializar o sucesso em todas as áreas da vida.

No primeiro capítulo, exploramos em detalhes o conceito do QU e seu papel fundamental no equilíbrio e desenvolvimento humano. Vimos como o QU se baseia em pesquisas científicas e estudos de caso que comprovam sua relevância na busca pelo sucesso. O QU nos permite compreender e equilibrar nossos potenciais, incluindo a visão 360, adaptabilidade, resiliência, sincronicidade e controle emocional.

Em seguida, mergulhamos no fascinante mundo da Inteligência Artificial, conhecendo seus fundamentos e aplicações. Exploramos como a IA é capaz de processar grandes quantidades de dados, identificar padrões e realizar análises complexas, proporcionando insights valiosos em diversas áreas da vida.

Finalmente, unimos esses dois conceitos poderosos: o QU e a IA. Analisamos como a colaboração entre o QU e a IA pode impulsionar o sucesso na vida profissional, fortalecer os relacionamentos interpessoais, transformar a educação, simplificar a vida cotidiana e promover uma saúde mais equilibrada. Vimos exemplos práticos de como a IA pode ampliar nossos potenciaenciais do QU, fornecendo soluções inovadoras e aumentando nossa capacidade de enfrentar desafios.

Ao longo deste livro, você descobriu como equilibrar e aprimorar seus potenciais QU com o apoio da IA, maximizando as oportunidades e alcançando resultados excepcionais em todas as áreas da sua vida. Essa jornada emocionante em busca do potencial máximo proporcionado pela parceria entre o QU e a IA permitirá que você desvende os segredos dessa colaboração transformadora e impulsione seu sucesso em todas as áreas.

Para consolidar nosso entendimento, revisitamos a importância do equilíbrio do QU como uma métrica e um parâmetro para avaliar e desenvolver os potenciais humanos. Com base em pesquisas científicas e estudos de caso, vimos como o QU vai além das métricas tradicionais, incorporando os potenciais essenciais de visão 360, resiliência, adaptabilidade, sincronicidade e controle emocional.

Exploramos a aplicação do QU na liderança e na construção de equipes de alto desempenho.

Discutimos estratégias para desenvolver a sinergia entre os membros da equipe e como a IA parametrizada com QU pode aprimorar a gestão de equipes, impulsionando o desempenho coletivo.

Abordamos também a importância de adaptar-se às mudanças do mercado e como o QU pode ser uma ferramenta poderosa nesse processo. Discutimos a identificação e antecipação de desafios em um ambiente VUCA, e como a IA parametrizada com QU pode impulsionar estratégias de negócios mais inteligentes e assertivas.

Por fim, exploramos as tendências emergentes e a evolução do QU, juntamente com os desafios e oportunidades na adoção dessa abordagem nas empresas. Preparamo-nos para um futuro orientado pelo QU, conscientes da importância de acompanhar as mudanças e de nos preparar para os desafios que surgem nesse contexto.

Ao concluir esta jornada, convidamos você a se inspirar e motivar a implementar o QU em sua empresa e em sua vida pessoal. Capacitamos líderes e profissionais a alcançar resultados excepcionais, transformando uma empresa convencional em uma empresa inteligente.

Estamos diante de uma nova era, onde o equilíbrio dos potenciais e a inteligência sincrônica são fundamentais para o sucesso empresarial. Esperamos que este livro tenha fornecido insights valiosos, exemplos práticos e estratégias aplicáveis para impulsionar seu sucesso e prepará-lo para enfrentar os desafios do mundo VUCA.

Agora é o momento de abraçar o poder transformador do QU e embarcar em uma jornada de crescimento pessoal e profissional. Este é apenas o começo de uma nova era, onde o equilíbrio dos potenciais e a inteligência sincrônica são a base para o sucesso sustentável.

Desejamos a você sucesso contínuo em sua busca pelo equilíbrio do QU e que você alcance resultados excepcionais em todas as áreas da sua vida. Juntos, podemos construir um futuro impulsionado pelo QU, onde o potencial humano e a IA se fundem em harmonia para alcançar um sucesso sem precedentes. Vamos avançar rumo a essa jornada de transformação e alcançar novos patamares de excelência.

Biografia da Autora

Katia Doria da Fonseca Vasconcelos é uma escritora e pesquisadora com formação em Analista de Sistemas e vasta experiência como líder de projetos em empresas multinacionais e de grande porte. Sua trajetória profissional permitiu-lhe compreender a importância do equilíbrio entre o desenvolvimento tecnológico e o aspecto humano no sucesso dos projetos.

Com um profundo interesse em entender e lidar com o comportamento humano no contexto organizacional, Katia concentrou seus estudos na área de Recursos Humanos e no desenvolvimento de metodologias que promovem a sinergia entre as necessidades tecnológicas e as expectativas dos usuários. Sua experiência como líder de projetos proporcionou um conhecimento aprofundado sobre como as emoções, os pensamentos e os comportamentos humanos influenciam diretamente a eficácia dos sistemas implementados.

Como escritora e pesquisadora, Katia compartilha seu conhecimento e suas experiências para inspirar líderes e profissionais a considerarem não apenas os aspectos técnicos, mas também o fator humano na implementação de projetos e no desenvolvimento de soluções eficazes. Sua abordagem integradora busca equilibrar a excelência tecnológica com o cuidado com as pessoas, permitindo que os sistemas atendam perfeitamente às demandas e expectativas dos usuários.

Neste livro, Katia Doria da Fonseca Vasconcelos apresenta sua visão única e prática sobre o conceito do QU (Quociente de Inteligência Universal Sincrônico) e sua aplicação no contexto empresarial. Sua abordagem baseada no QU é fundamentada em sua experiência como analista de sistemas e líder de projetos, combinando o conhecimento técnico com a compreensão das necessidades e expectativas dos usuários.

Katia acredita que o sucesso de um projeto ou de uma empresa está intrinsecamente ligado à capacidade de equilibrar o desenvolvimento tecnológico com o cuidado com as pessoas. Seu objetivo é capacitar líderes e profissionais a adotarem uma abordagem holística, que considere tanto as dimensões técnicas quanto as emocionais, visando atingir resultados excepcionais e satisfazer plenamente as necessidades dos usuários.

Ao compartilhar seu conhecimento e insights neste livro, Katia Doria da Fonseca Vasconcelos convida os leitores a explorarem o potencial transformador do QU, integrando-o em suas práticas de liderança e desenvolvimento de projetos. Sua experiência e expertise contribuem para uma visão ampliada e atualizada sobre a importância do equilíbrio entre a tecnologia e o aspecto humano no contexto empresarial.

Com uma abordagem prática e inspiradora, Katia busca fornecer a97os leitores as ferramentas necessárias para enfrentar os desafios do mundo dos negócios, considerando a importância do equilíbrio entre a excelência técnica e o cuidado com as pessoas. Sua visão abrangente e integradora permite que líderes e profissionais construam um caminho de sucesso sustentável, alinhando as necessidades tecnológicas com as expectativas dos usuários e promovendo uma cultura organizacional saudável e produtiva.

114